つぶやき

糀谷 千津子
Chizuko Koujitani

文芸社

はじめに

私はまだまだ不完全な人間です。迷ったり、悩んだり、もがいたり……。でも、ほんのちょっと成長したように思います。

昨日より今日、今日より明日。幸せになるぞ！って決めた時から、嫌いだった自分が好きになりました。そして、人々との出会いが私を成長させてくれ、その方たちに言葉、言霊の力を教えていただきました。

そして、この「つぶやき」と出会わせていただきました。平凡なおばちゃんが、何気なくつぶやいた言葉たちは、自分への応援歌として書きとめさせていただいたものです。

いじめられっ子だった幼少期。

何をやっても成果の出ない時期。

努力、努力、頑張れ、頑張れと自分にムチを打ってきた時期。

その時々、私は、幸せになりたいと願うことすら知らずにいました。けれど、全ての生きる者、生き物は幸せになっていいのです。幸せになる義務があるのです。私たちは、すべて神様からの頂き物なのです。私はそう信じています。

「ありがとう」は、魔法の言葉です。すべての出来事、よろこび。
ありがとうという言葉は、オールマイティなのです。
私は、ありがとうという感謝の言葉が大好きです。
どうぞ、最後までお付き合いください。

糀谷　千津子

ちいさな命
宿る
不安と
よろこび

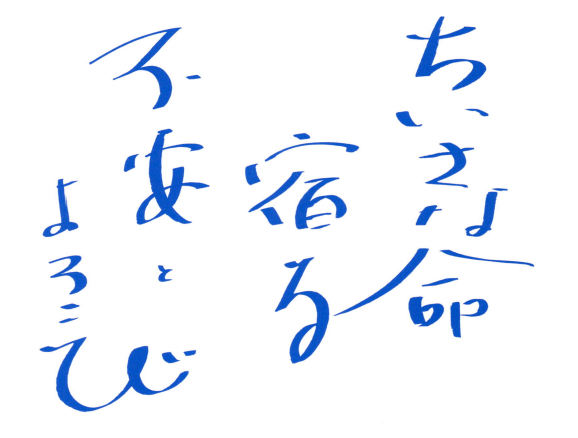

そっと おなか
なでてみる
ぴっくと 鯰

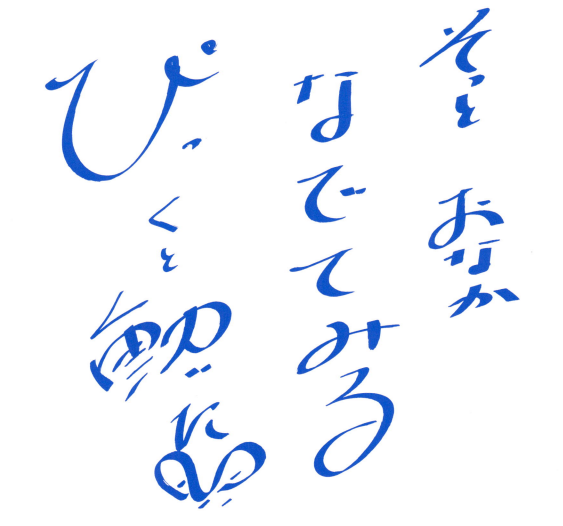

あなたは世の中で
愛Loveをかんじたの？
どんな顔してるの？

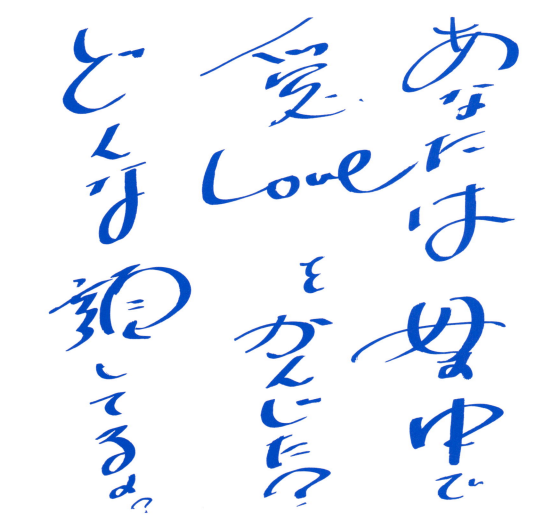

どうぞ
元気で
すこやかで
笑顔で
あいましょう

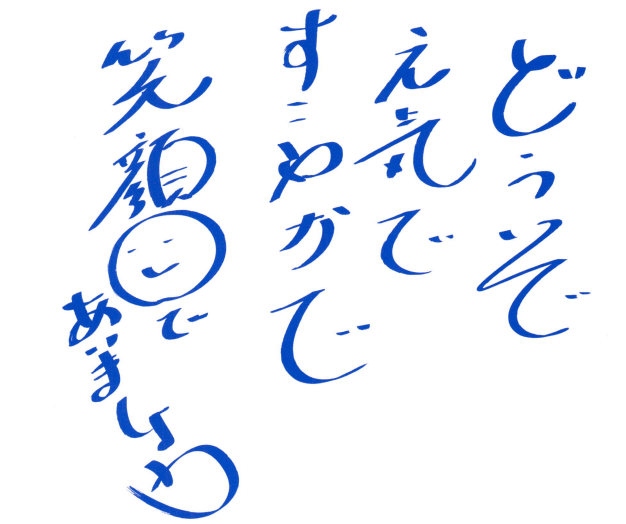

いざ地球へ

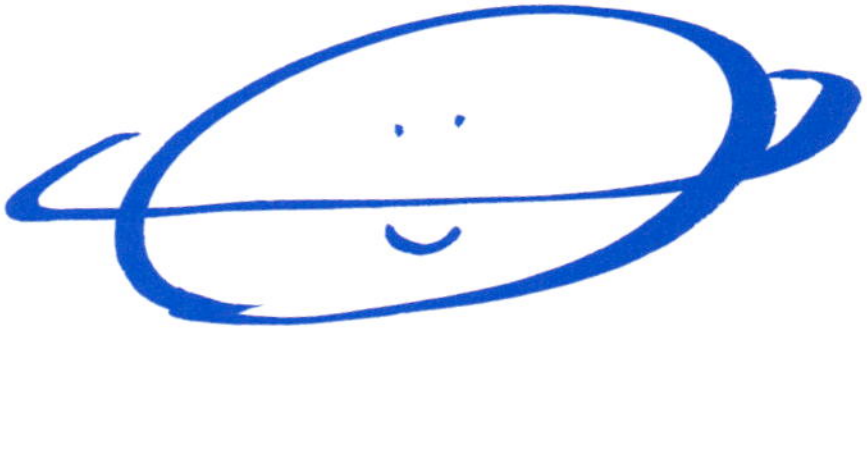

ようこそ

ようこそ

この世界へ

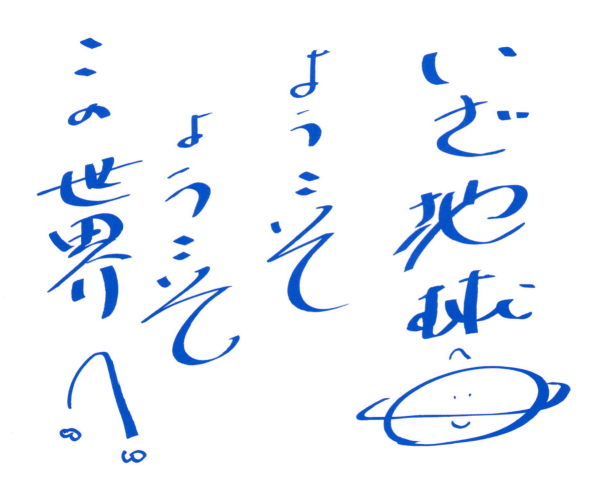

何を深めますか？
何を望みますか？
何を約束して
来ましたか？

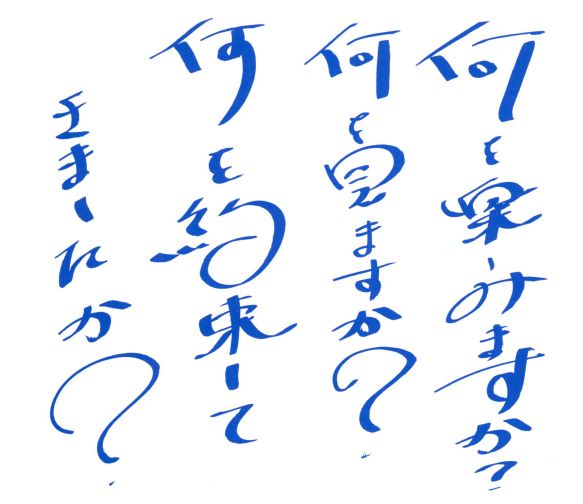

母は願う
どうぞしあわせにと
そして
出会えてくれて
ありがと
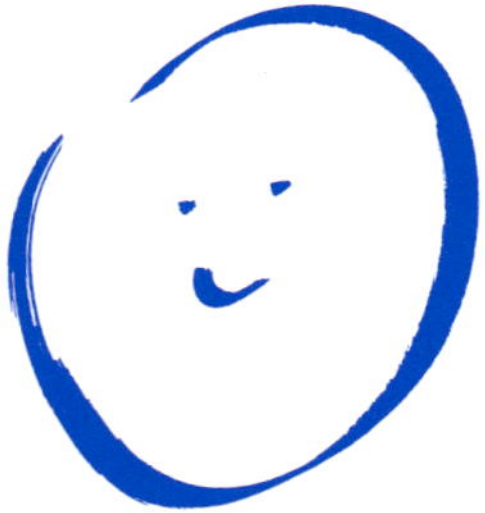

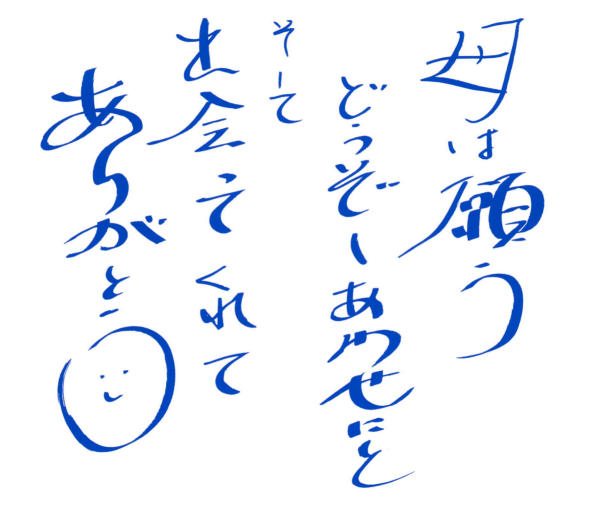

あなたの人生
あなたのもの
う〜んと
たのしんで

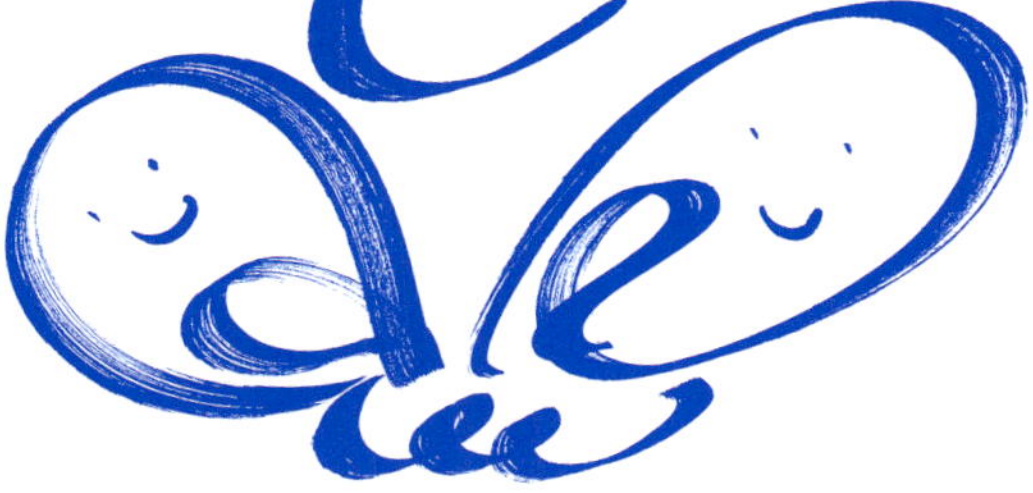

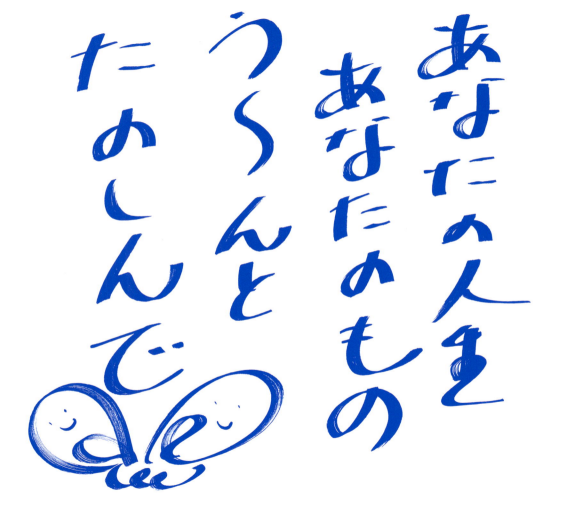

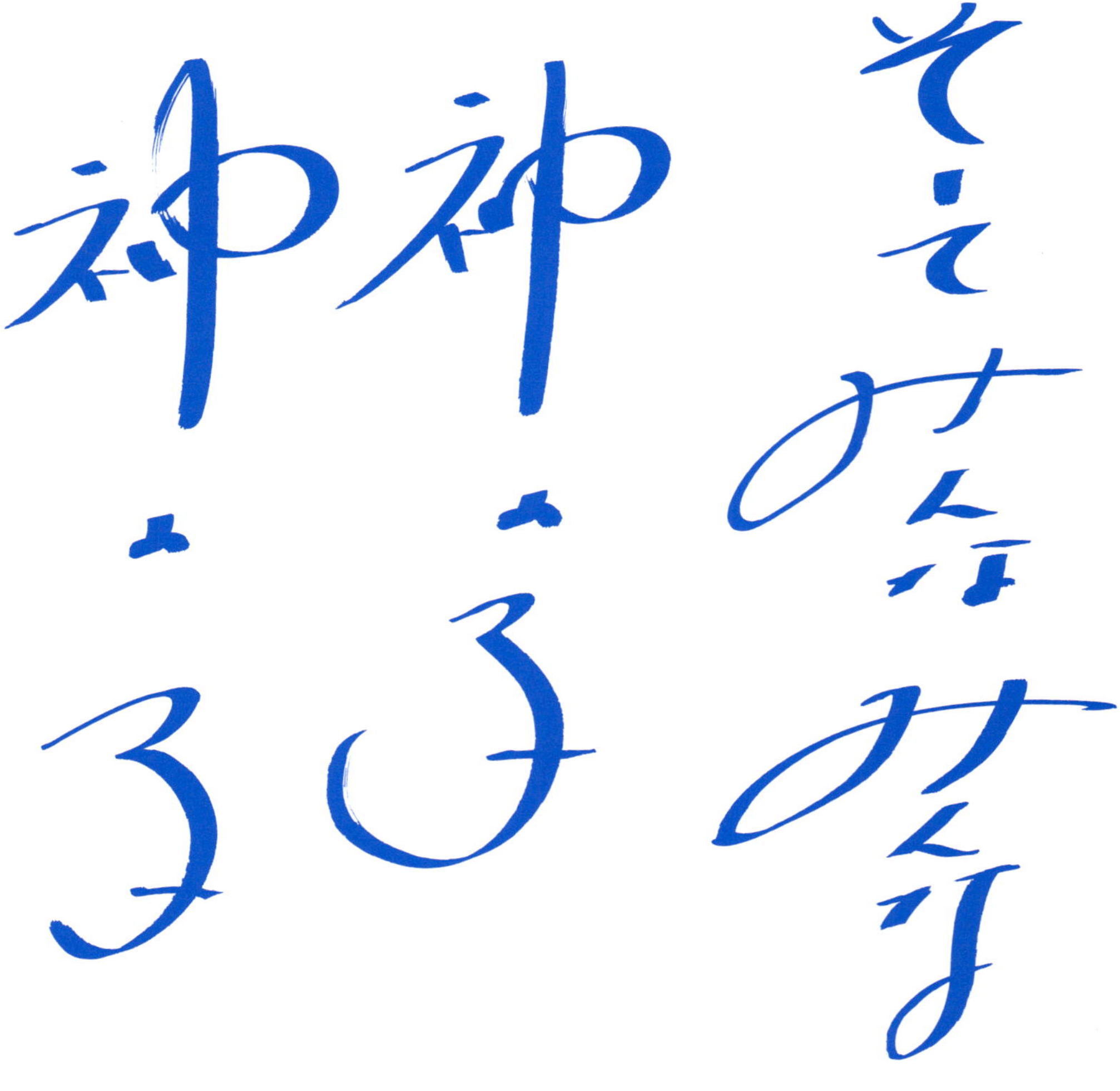

あなたも
わたしも
神の子

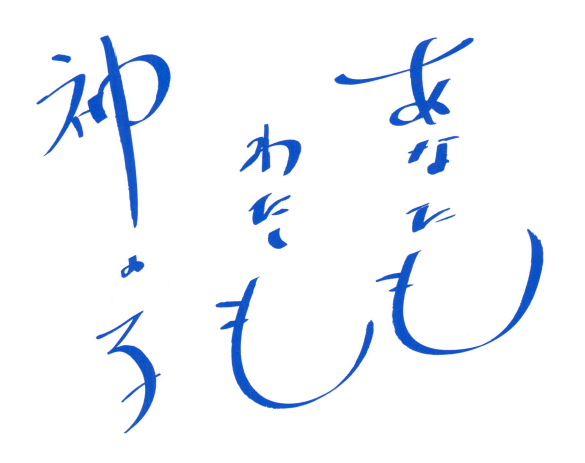

ちょっと　にがてな子も
大好きな子も
みんな神の子

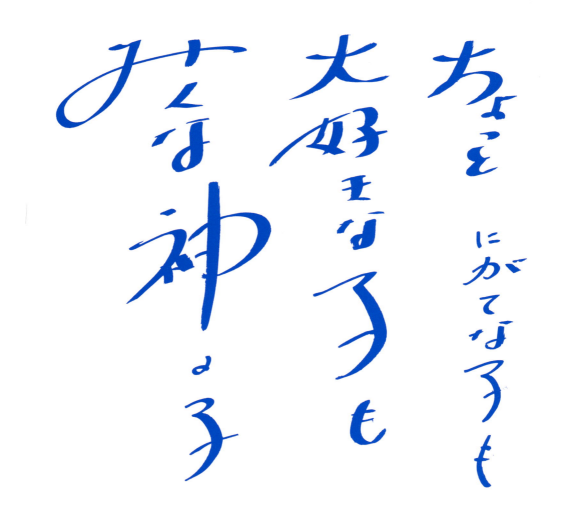

この地球はすべて
神のパラダイス
だから　だから
笑おう

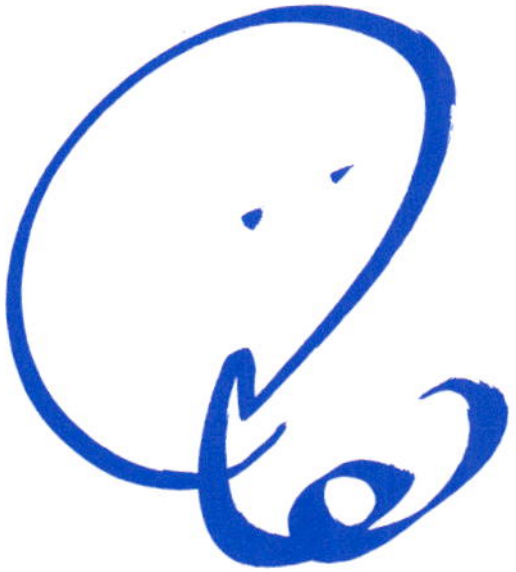

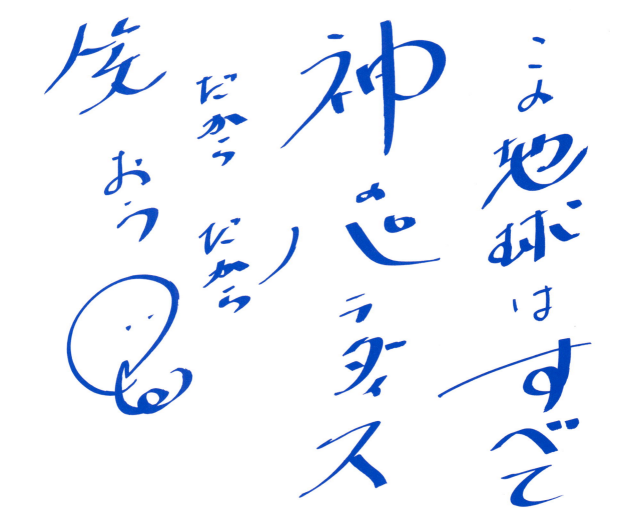

人も花も木も
土も水も風も
みんな神さまからの
おくりもの宙

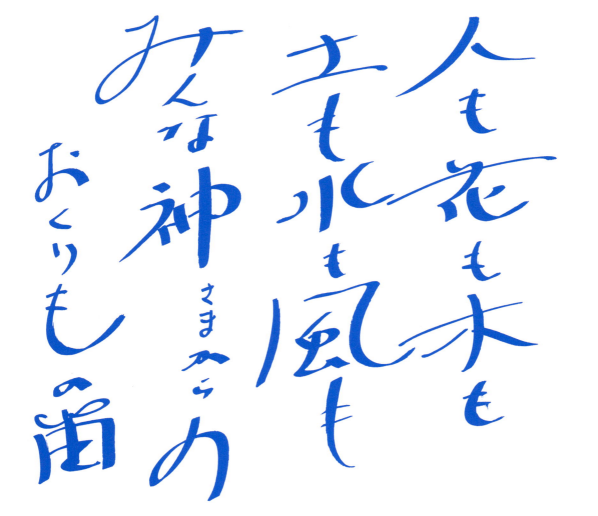

命もまた神さま
からのおくりもの陶
うけとるも
あけるも
わたしし次第

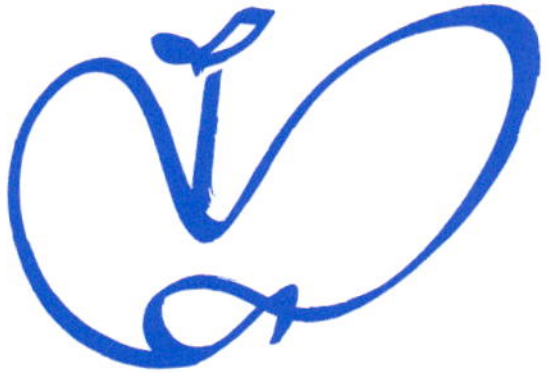

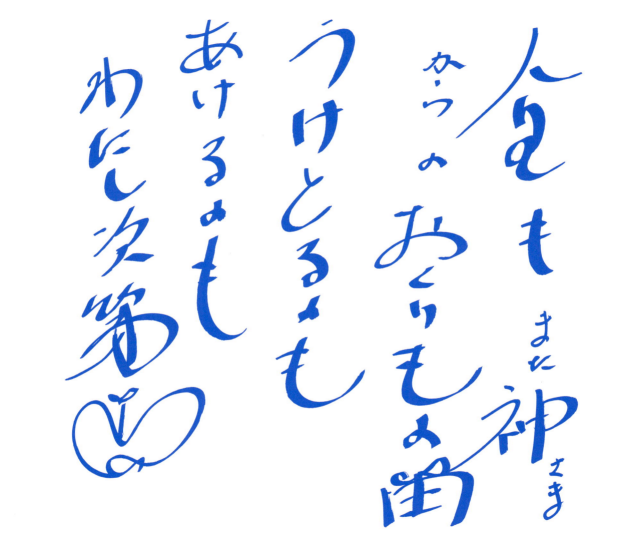

人生はあそび
どの場所で
どの道具で
あそぶか？
それは　それは、私が決める

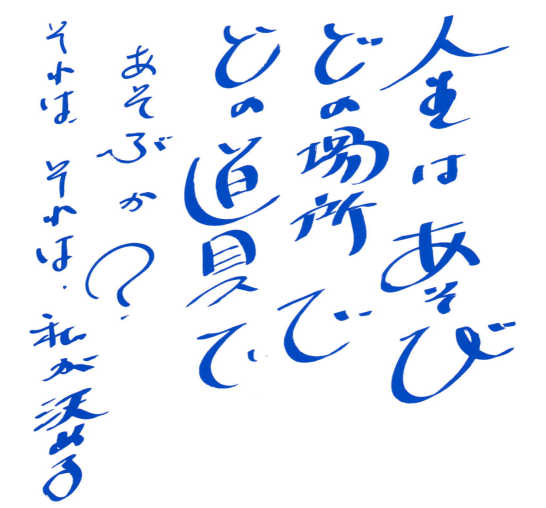

今起きたことも
今必要で
今のタイミングで
神様からしあわせになる
キップをもらったん
だよ

私が今

できること

それは

笑

です

ひとりが笑う
ふたりが笑う
みんなが笑う
笑がおの輪

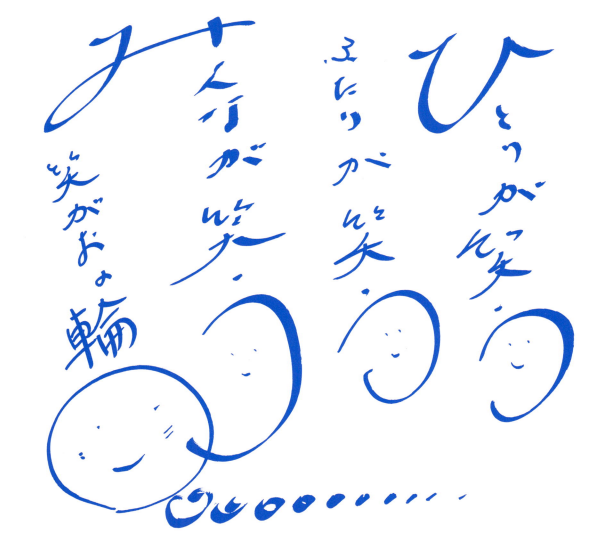

心が心がね
いたい思いたい思て
神さま どうぞ かわ心の
バンソウコウ
くださらい

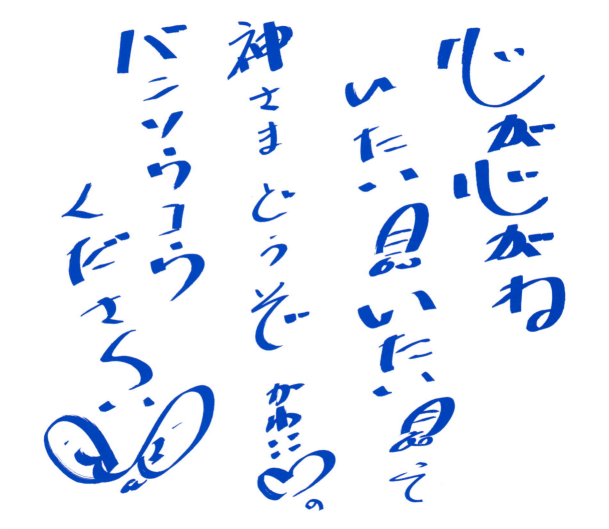

実がなっても
ならなくても
ありがとう
感謝

すべての出逢いに

感謝とありがとう

言葉は
人を笑がおにするためと
自分をしあわせにするために
つかうものだよ

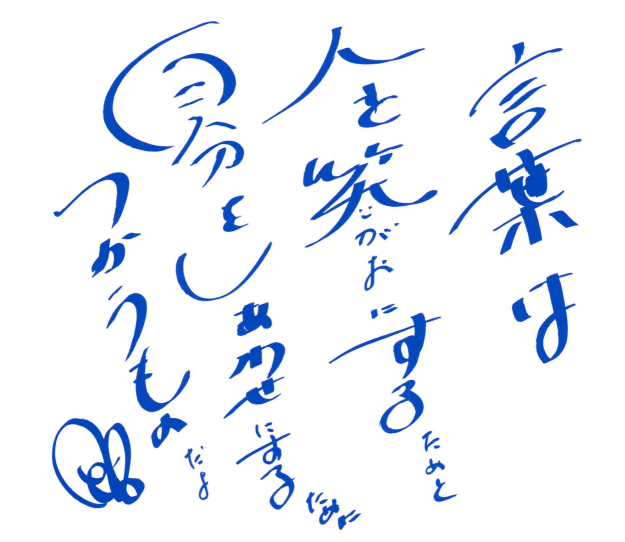

私は特別やない
でも
世界でたったひとつよ
ブランド[illegible]
無名ブランド

やすど 咲

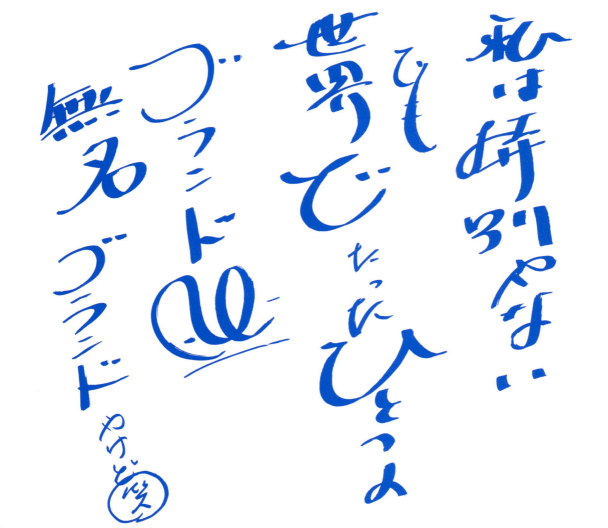

ありがとうは
有り難うと書く
難を有りがたく頂く
という意味と教わた

私は
泣き虫も
おこりんぼうも
おせっかいも
ちょっと かわいいな わたしも
大・大好きって
いってあげる

そうでないと
神さまがくれた私に
失礼じゃん
私は　わたし
たったひとり
私だもん

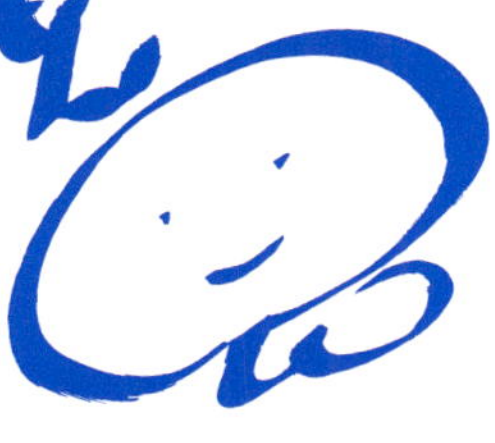

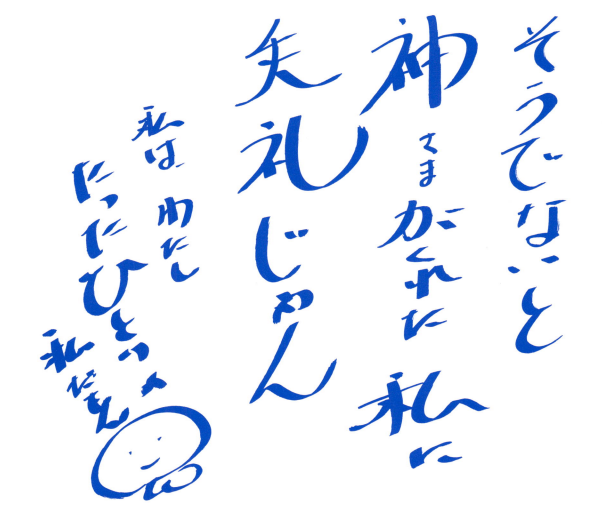

ぼちぼちでも ええやん
走っても 歩いても
一日は同じ時を刻んでる
だから 自分のペースで

かげからでも
ええ

おもては しんどい
でも、でも、ここに
いること 気づいてね

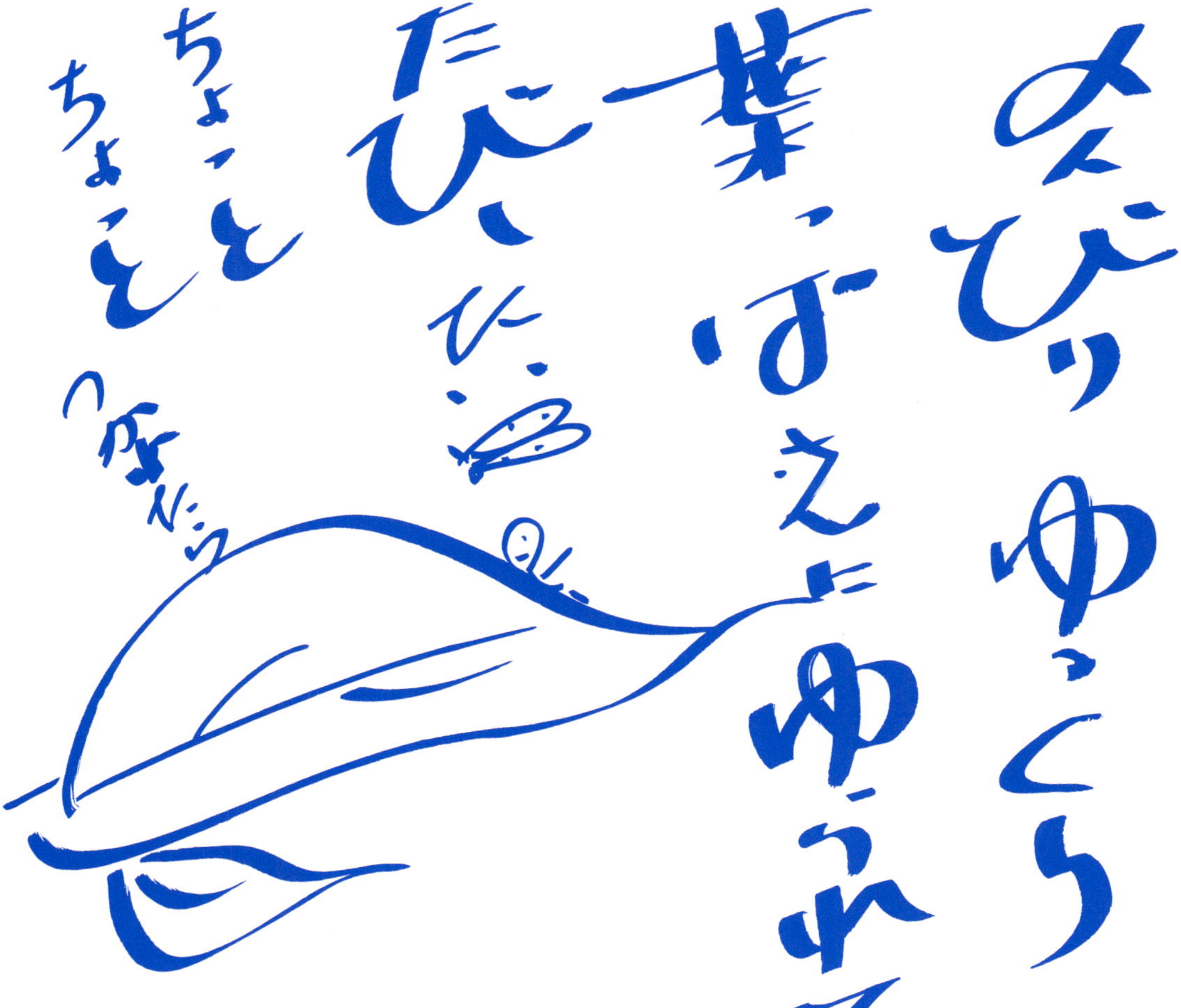

のんびりゆっくり
葉っぱ
にゆられて
たび
ちょっと
ちょっと

私の足あと
悲しみ苦しみ
歩いてきた足あとを
ふり返るのではなく
これから　ふみ出す

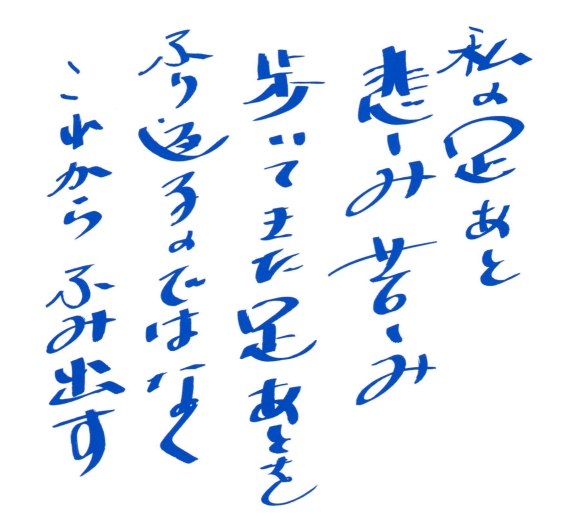

新たな一歩にしよう
しあわせの足あと

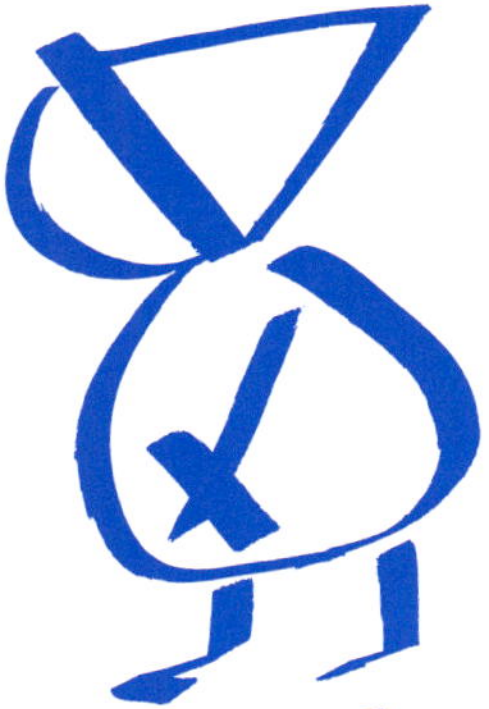

振りむいて
ばかりの
わたしと
さよなら

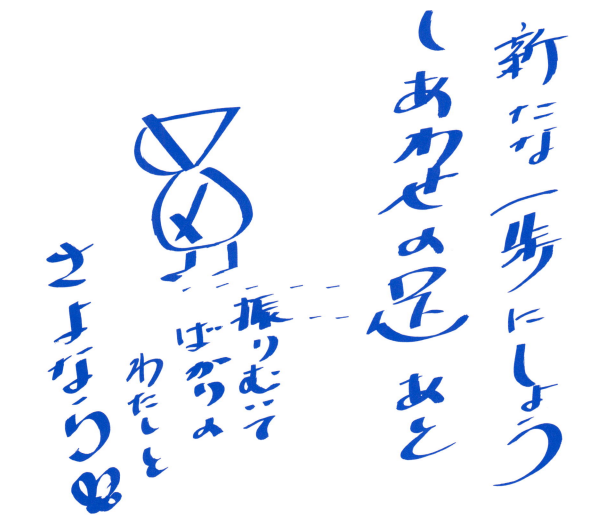

幾度となく問う
これがベスト？
そして時間が過ぎると
答えが変わる
そして、それが生きるって
ことやと、言いきかせる

悩みは？
明るい未来の扉を
開ける
鍵のようなもの

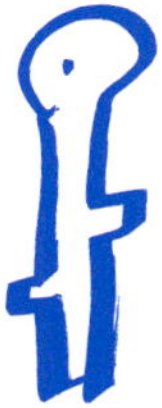

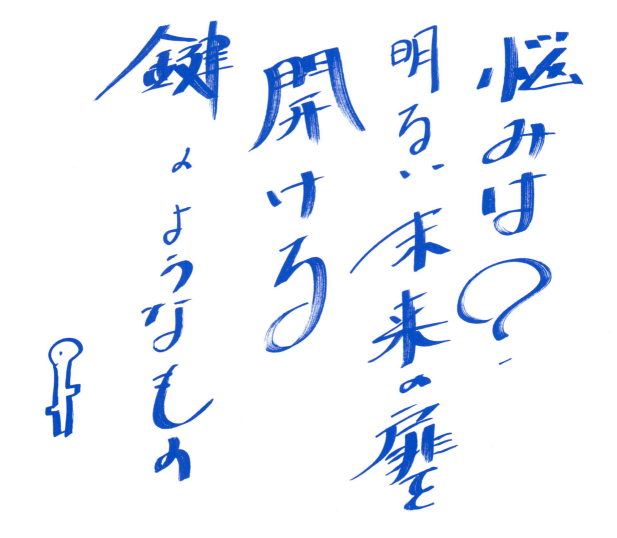

ありがとう
花をともに
ともにさかせましょう

どの子も
みんな
おともだち
このこも
大・大・大好き

笑おう
咲う

この白いキャンパスに
何を書き
何を伝えられる明
私のありったけの
思いを朋
エネルギー

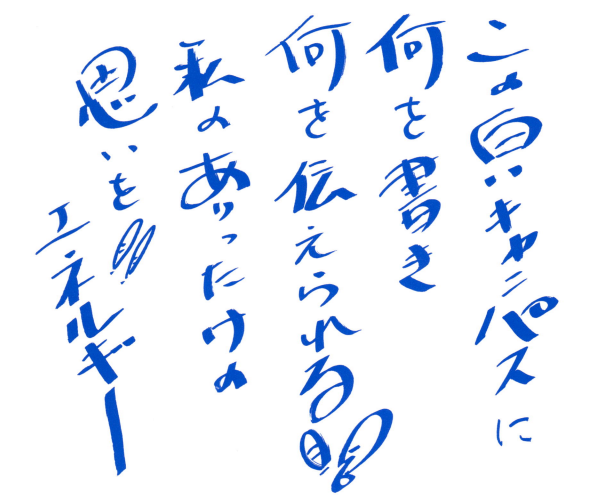

ぜんぶ　ぜんぶ
出しきれたら
とどけ光、愛
希望を胸に
私の願い

なぜ 生きる？

答は まだです

でも 私は

最後の最後まで

全力で 生きぬく

料金受取人払郵便

新宿局承認

8477

差出有効期間
2020年12月
31日まで
(切手不要)

郵便はがき

1 6 0-8 7 9 1

141

東京都新宿区新宿1－10－1

(株)文芸社

愛読者カード係 行

ふりがな お名前		明治　大正 昭和　平成　　年生　　歳
ふりがな ご住所	□□□-□□□□	性別 男・女
お電話 番　号	(書籍ご注文の際に必要です)	ご職業
E-mail		

ご購読雑誌(複数可)	ご購読新聞 新聞

最近読んでおもしろかった本や今後、とりあげてほしいテーマをお教えください。

ご自分の研究成果や経験、お考え等を出版してみたいというお気持ちはありますか。

ある　　ない　　内容・テーマ(　　　　　　　　)

現在完成した作品をお持ちですか。

ある　　ない　　ジャンル・原稿量(　　　　　　　　)

書　名			
お買上 書　店	都道 府県　　　　市区 郡	書店名	書店
		ご購入日	年　　月　　日

本書をどこでお知りになりましたか?

1.書店店頭　2.知人にすすめられて　3.インターネット(サイト名　　　　)

4.DMハガキ　5.広告、記事を見て(新聞、雑誌名　　　　)

上の質問に関連して、ご購入の決め手となったのは?

1.タイトル　2.著者　3.内容　4.カバーデザイン　5.帯

その他ご自由にお書きください。

(　　　　　　　　　　　　)

本書についてのご意見、ご感想をお聞かせください。

①内容について

②カバー、タイトル、帯について

弊社Webサイトからもご意見、ご感想をお寄せいただけます。

ご協力ありがとうございました。

※お寄せいただいたご意見、ご感想は新聞広告等で匿名にて使わせていただくことがあります。

※お客様の個人情報は、小社からの連絡のみに使用します。社外に提供することは一切ありません。

■書籍のご注文は、お近くの書店または、ブックサービス(☎0120-29-9625)、セブンネットショッピング(http://7net.omni7.jp/)にお申し込み下さい。

今は ありがとうと
感謝が私をLove
ささえてくれてる

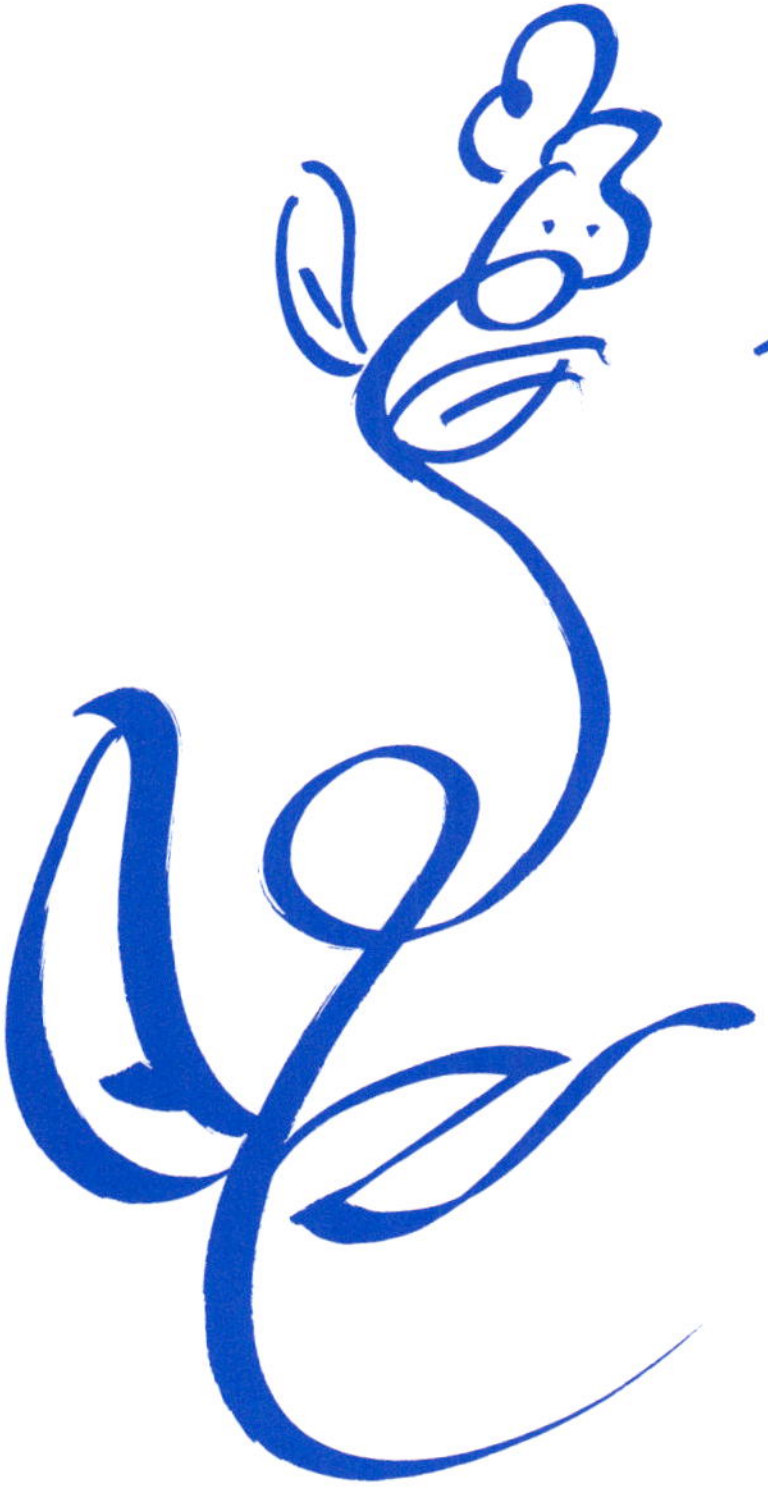

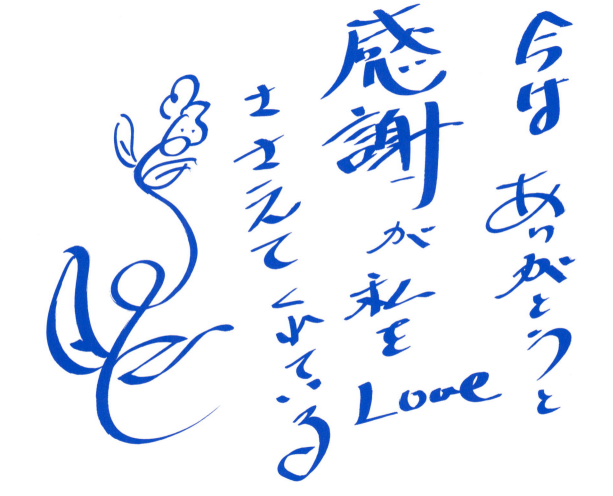

ありがとうを
どうぞ
自分自身に言って
あげよう
だって一番頑張ってる
ことしってるもん

今日は、ちょっと、ねむれない

もう、明日が、来ない気がして 

そんなとき、そ〜っと つぶやく

どうぞ

私に

あしたも

きますようにと 祈る

ねがおの君に
そっとささやく
「大好きよ」って
すてきな夢をどうぞ♡♡

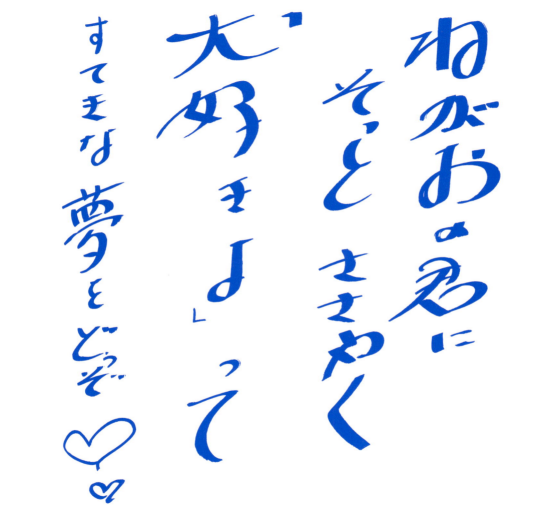

どんな高い
クスリよりも
心にとどくまほう
ありがとう

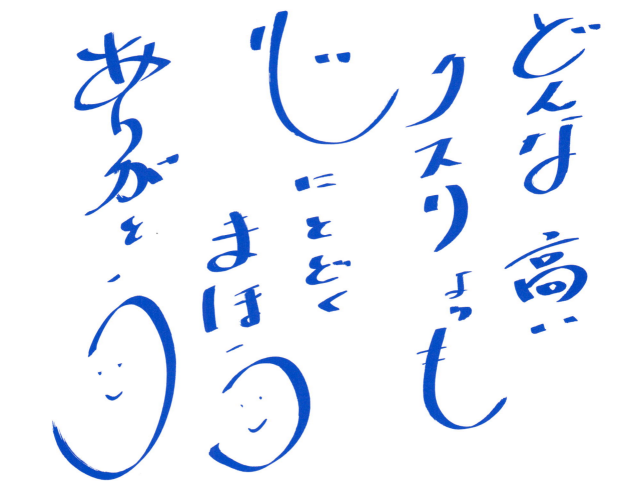

別れは、突然やって
くる、ありがとうも
何も伝えられず
だから
空にむかって
ありがとうと言ってる
届いて♡♡

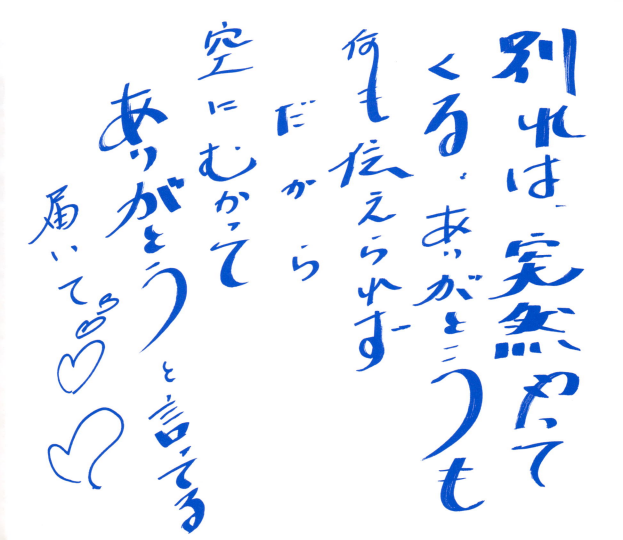

糸電話

あえなくなって

あなたと話したい

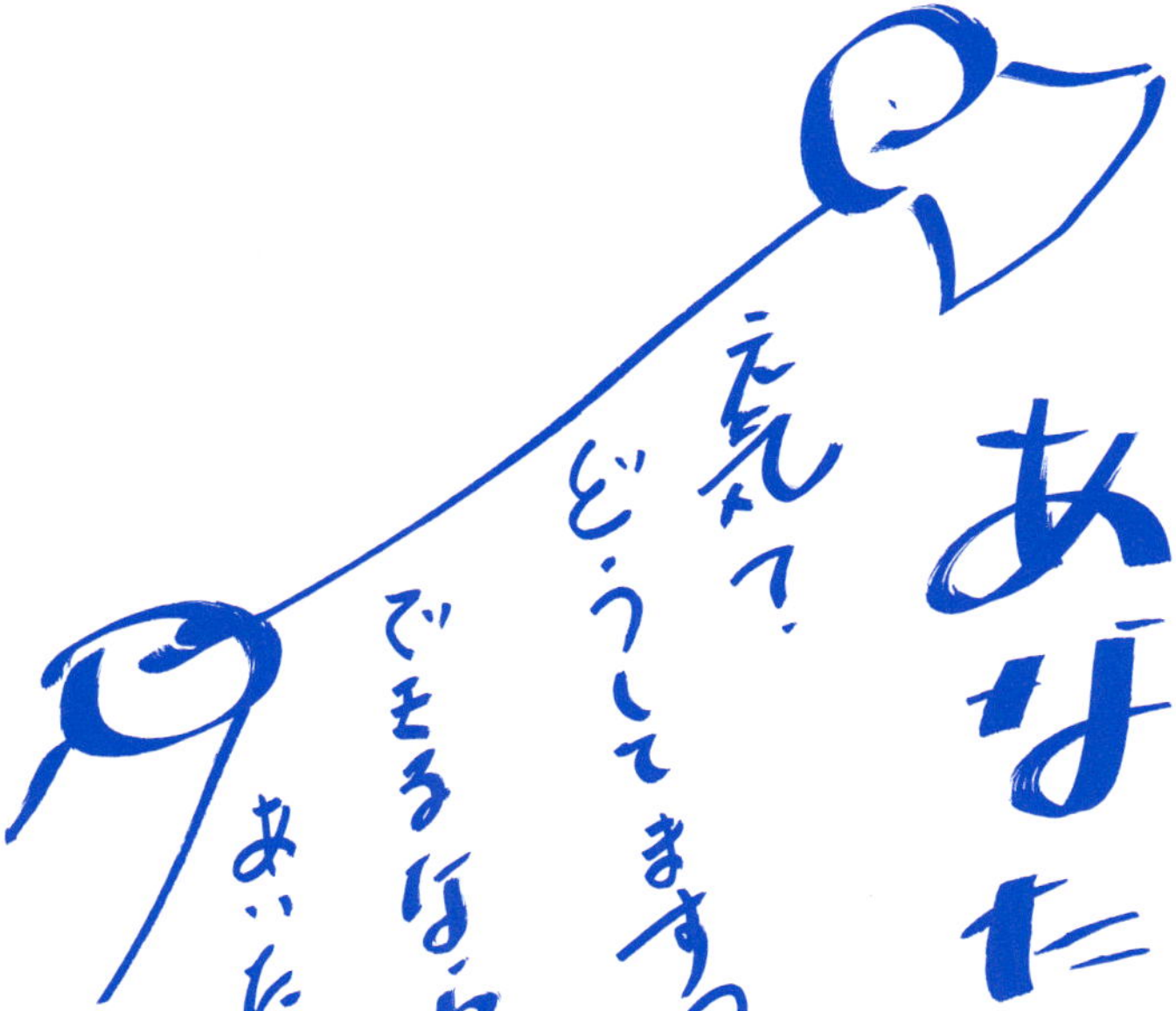

元気で、

どうしてます？

できるなら

あいたい

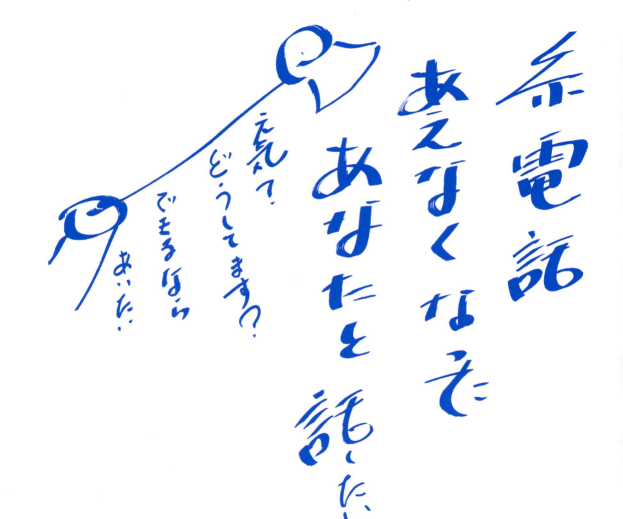

いろんな別れ
つらいけど
また新たな出会いに
心をはずませたい
でも
ちょっぴり
ポッカリ心に穴が……

みて！みて！

今の私♡♡♡笑ったり

泣き虫の私が

おこったり

しあわせの顔♡♡

あなたに見せたかった

よ

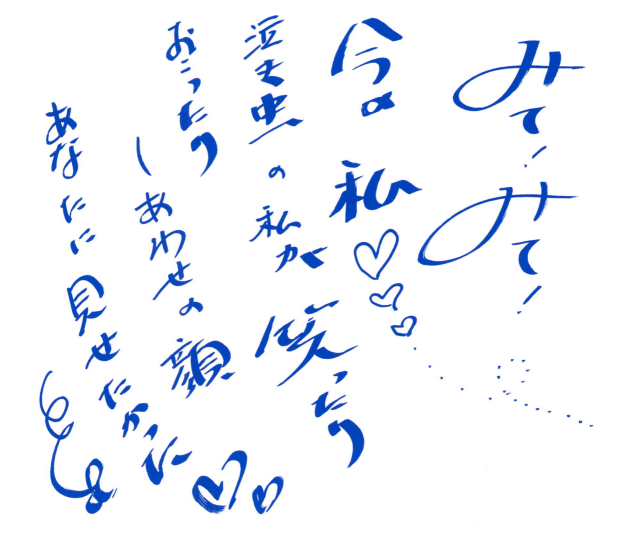

人生という道のりを
どんな花をさかせ
何色の道にするか
それはあなた様しだい
どうぞすてきな旅

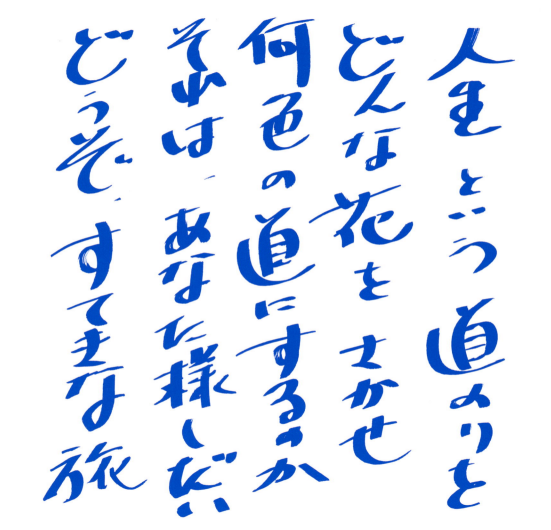

人生のたびを
おもいきり
楽しんでくださいね
そして、ふたたび
めぐりあいましょう

感謝

ともに人生を歩んで
私に貴男、ありがとう
愛を、勇気、希望を
ありがとう
家族をつくってくれて
ありがとう
感謝です

あなたから頂いた命
子から子へ
種から花・実へ
循環していく命
すべてと共存
ただただ感謝

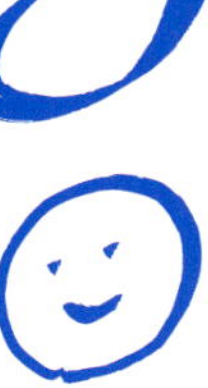

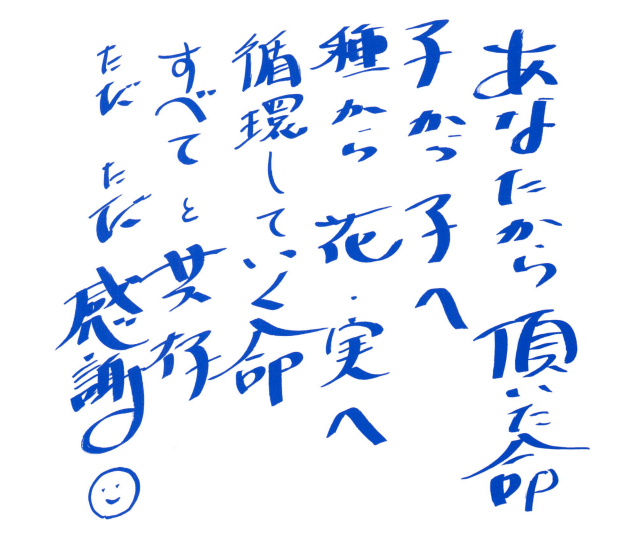

人生別れ道
迷ったり悩んだら
正しさより
楽しいだろうなと
道を選んでいました

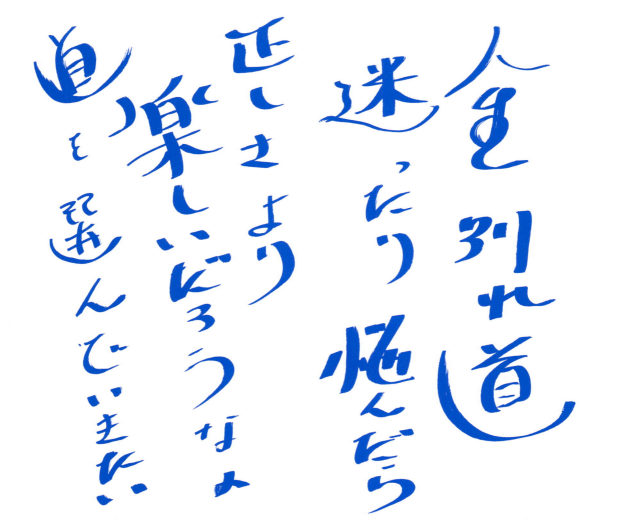

まほうの言霊

ありがとう

感謝。

あとがき

最後までお付き合いくださり、ありがとうございます。

この出版に関わってくださった方々に感謝を申し上げます。

そして、このつぶやきを後押ししてくれた夫に、感謝とありがとうを言わせてください。

いつも私を見守っていてくれ、応援してくれてありがとう。感謝しかありません。

著者プロフィール

糀谷 千津子（こうじたに ちづこ）

滋賀県出身。富山県在住。
野草が大好き（野草と友達（笑））
調理が好き。
まだまだ好奇心旺盛な62歳の私です。

つぶやき

2019年6月15日　初版第1刷発行

著　者　糀谷 千津子
発行者　瓜谷 綱延
発行所　株式会社文芸社
〒160-0022　東京都新宿区新宿1－10－1
電話　03-5369-3060（代表）
03-5369-2299（販売）

印刷所　図書印刷株式会社

ISBN 978-4-286-20642-4